Mi diverto con Gianluigi!

D1175483

Mi diverto con Gianluigi!

BRUNA PETRARCA BOYLE

EDIZIONI FARINELLI

www.edizionifarinelli.com

I dedicate this reader to my dear niece and nephew, Alessandra and Joseph Bourassa, and to Gianluigi Ruzzo who will always be very special to me.

➢➢➢

Other books by Bruna Petrarca Boyle

AP Italian Track-Level 1
AP Italian Track-Level 2
AP Italian Track-Level 3

Edited by Barbara Carbon

Cover Design by Tandem Graphics

**Illustrations by Beatrice Marchi,
Dorella Carbon and Emanuela Carbon**

Published by Edizioni Farinelli
20 Sutton Place South
New York, NY 10022
Tel: +1-212-751-2427
E-mail: edizioni@mindspring.com

www.edizionifarinelli.com

➢➢➢

ISBN-13: 978-0-9795031-4-6
ISBN-10: 0-9795031-4-0

Printed in the United States of America

Photo page 45 used by permission of Bruna Petrarca Boyle

Indice

1 Gianluigi

Mi chiamo Marina. Sono italiana, ma da molti anni vivo e lavoro negli Stati Uniti. Durante l'estate ritorno a Fornelli, il paese dove sono nata. È un piccolo paese nel Molise e la sua provincia è Isernia. Secondo me Fornelli è un posto molto tranquillo perché ci sono soltanto duemila abitanti. Infatti ci sono quattro bar, tre piccoli supermercati, due macellerie e tre pizzerie. Non c'è nemmeno una banca!

Cosa faccio mentre sto a Fornelli? Mi riposo, vado a trovare i parenti per fare quattro chiacchiere[1] e mi diverto con gli amici. Però, questa volta il mio soggiorno sarà più piacevole perché l'anno scorso ho conosciuto il nipote di un amico, Gianluigi, un ragazzino di cinque anni. Lui è una persona straordinaria. Ha occhi e capelli castani. È un bambino alto, astuto, forte e un po' grasso. Ha una voce sottile, una faccia sorridente e una memoria incredibile. È molto veloce e parla benissimo per la sua età.

I giorni con Gianluigi sono indimenticabili per me. Mi piace vederlo. Mi piace ascoltarlo. E mi piace anche raccontargli storie, cose che invento io, mentre lui mi guarda con quegli occhi grandi e con quella faccia curiosa. Di tanto in tanto, mi ferma e mi fa delle domande sorprendenti.

---

[1] **fare quattro chiacchiere** – to chat

A. Decidi se queste frasi sono VERE o FALSE.

1. Fornelli non è un paese grande.   VERO FALSO
2. Fornelli è un paese molto calmo.   VERO FALSO
3. Fornelli ha una popolazione molto grande.   VERO FALSO
4. La banca a Fornelli si chiama "Nazione".   VERO FALSO
5. Gianluigi è il figlio di Marina.   VERO FALSO
6. Gianluigi ha cinque anni.   VERO FALSO
7. Gianluigi è un bravo ragazzino.   VERO FALSO
8. Marina racconta molte storie a Gianluigi.   VERO FALSO
9. Gianluigi non parla bene perché è giovane.   VERO FALSO
10. Gianluigi fa delle domande a Marina.   VERO FALSO

B. Forma frasi complete con le parole seguenti.

1. ragazzino / forte / un / è / Gianluigi

2. è / paese / un / piccolo / in / nato / Gianluigi

3. a / macellerie / Fornelli / supermercati / due / tre / ci sono / e

4. occhi / capelli / ha / castani / e

5. guarda / occhi / quegli / mi / con / grandi

C. Rispondi con frasi complete; includi l'espressione "mi piace" nelle tue risposte.

1. Ti piace la pizza?
2. Ti piace ascoltare la musica italiana?
3. Ti piace l'estate? Perché?
4. Dove ti piace andare in vacanza?
5. Cosa ti piace fare d'estate?

D. Cerca i quattordici aggettivi nascosti in questo cruciverba e poi scrivi il loro significato in inglese.

O	E	W	J	I	M	P	I	C	C	O	L	O	E
T	T	G	R	A	S	S	O	I	S	D	Q	G	D
L	R	Z	L	U	E	L	I	T	T	O	S	K	N
A	O	P	I	A	C	E	V	O	L	E	N	C	A
O	F	B	S	O	R	R	I	D	E	N	T	E	R
T	J	F	T	P	C	U	R	I	O	S	O	P	G
U	O	I	R	A	N	I	D	R	O	A	R	T	S
T	E	L	I	B	I	D	E	R	C	N	I	G	O
S	U	O	M	L	A	C	U	G	G	K	E	Y	F
A	W	Q	T	O	W	O	N	A	T	S	A	C	C

1. alto _____   **9.** incredibile _____

2. astuto _____   **10.** indimenticabile _____

3. calmo _____   **11.** piacevole _____

4. castano _____   **12.** piccolo _____

5. curioso _____   **13.** sorridente _____

6. forte _____   **14.** sottile _____

7. grande _____   **15.** straordinario _____

8. grasso _____   **16.** sorprendente _____

E. Chiedi al tuo compagno o alla tua compagna queste domande.

1. Come ti chiami?

2. Dove sei nato/a?

3. Come sei?

4. Quanti anni hai?

5. Com'è la tua città?

F. Guarda il disegno e racconta cosa fa Gianluigi. Usa le parole e le espressioni nuove che hai imparato in questa storia.

_____

_____

_____

_____

_____

_____

_____

_____

_____

_____

_____

_____

_____

_____

_____

_____

VOCABOLARIO – GIANLUIGI

VERBI
andare a trovare – to visit someone
ascoltare – to listen to
avere – to have
conoscere – to know a person
divertirsi – to have fun
essere – to be
fare – to do, make
fare quattro chiacchiere – to chat
guardare – to look at, watch
inventare – to invent
lavorare – to work
nascere – to be born
parlare – to speak, talk
piacere – to like
raccontare – to tell stories
riposarsi – to relax
ritornare – to return
stare – to be, stay
vedere – to see
vivere – to live

AGGETTIVI / AVVERBI
alto – tall, high
astuto – astute, clever
castano – chestnut (color)
curioso – curious
forte – strong
grande – large, big
grasso – chubby, fat
incredibile – unbelievable
indimenticabile – unforgettable
nascosto – hidden
piacevole – pleasant, enjoyable
piccolo – small
sorridente – smiling
sorprendente – amazing
straordinario – extraordinary
tranquillo – calm, quiet, tranquil
soltanto – only
sottile – thin (voice)
veloce – fast

SOSTANTIVI
gli abitanti – residents, inhabitants
l'anno scorso – last year
i capelli – hair
il cruciverba – crossword puzzle
la domanda – question
l'estate – summer
l'età – age
la faccia – face
la macelleria – butcher shop
il nipote – nephew, grandson
gli occhi – eyes
il paese – town
i parenti – relatives
il posto – place
la provincia – province
il ragazzino – a little boy
il significato – meaning
il soggiorno – stay, duration
la voce – voice

CONGIUNZIONI / PRONOMI / PREPOSIZIONI
di tanto in tanto – once in a while
dove – where
infatti – in fact
mentre – while
nemmeno – not even
perché – because
però – but, however
secondo me – in my opinion
un po' – a bit

2 Gianluigi all'asilo

Durante la mia permanenza a Fornelli ho imparato molto di Gianluigi. Lui dice che va all'asilo ma, a dire il vero, ci va solo quando vuole. Alcune settimane ci va solo due o tre giorni. All'asilo ci sono due maestre, una simpatica ed una antipatica, secondo lui. Allora cosa fa Gianluigi quando arriva all'asilo?

Gianluigi: Mamma, non ti fermare! Guida intorno alla scuola.

Mamma: Perché?

Gianluigi: Voglio vedere una cosa.

Mamma: Che cosa?

Gianluigi: Guida e poi ti spiego tutto.

Mamma: Uffa[2]! Devi vincere sempre tu!

Gianluigi: Mamma, oggi non vado all'asilo.

Mamma: Ma perché no?

Gianluigi: Vedo la macchina della maestra che non mi piace.

Mamma: Come? Tu conosci la macchina della maestra?

Gianluigi: Sì, è quella bianca. Non ci vado, non ci vado, non ci vado!!!!

Mamma: Ma cosa faccio con te? Devi andare all'asilo! Chi comanda qui, io o te? Devi imparare a leggere e a scrivere come tutti gli altri ragazzini.

Gianluigi: Ci vado domani. Te lo prometto![3]

Gianluigi parla chiaro e tondo[4]. È molto difficile cambiare le sue idee. La sua povera madre prova a convincerlo ogni giorno ma è una grande fatica.

---

[2] **Uffa!** – Phew! What a nuisance!
[3] **Te lo prometto!** – I promise you!
[4] **parlare chiaro e tondo** – to speak loud and clear

A. Decidi se queste frasi sono VERE o FALSE.

1. Gianluigi va all'asilo tutti i giorni.   VERO FALSO

2. Due maestre lavorano all'asilo.   VERO FALSO

3. Secondo Gianluigi le due maestre sono
   molto brave.   VERO FALSO

4. Gianluigi preferisce una maestra.   VERO FALSO

5. Gianluigi va a scuola con il papà.   VERO FALSO

6. Gianluigi cerca l'auto della maestra antipatica. VERO FALSO

7. La madre non sa cosa fare con suo figlio.   VERO FALSO

8. Gianluigi obbedisce alla mamma e va all'asilo. VERO FALSO

9. Gianluigi è un ragazzino ostinato.   VERO FALSO

10. Gianluigi ha le sue proprie idee.   VERO FALSO

B. Accoppia le parole della Colonna A con quelle della Colonna B.

Colonna A	Colonna B
1. _____un'automobile	a. la madre
2. _____la maestra	b. la scuola materna
3. _____la mamma	c. una macchina
4. _____l'asilo	d. l'opinione
5. _____l'idea	e. l'insegnante

C. Scrivi cinque frasi con le parole dell'esercizio B.

1._____

2._____

3._____

4._____

5._____

D. Chiedi al tuo compagno o alla tua compagna queste domande.

1. Come sono i tuoi insegnanti?

2. Quale professore(ssa) ti piace di più? Perché?

3. Con chi vai a scuola?

4. Come vai a scuola?

5. Cosa fai dopo la scuola?

E. Guarda il disegno e racconta cosa fa Gianluigi. Usa le parole e le espressioni nuove che hai imparato in questa storia.

_____

_____

_____

_____

_____

_____

_____

_____

_____

_____

_____

_____

_____

_____

_____

_____

_____

_____

_____

VOCABOLARIO – GIANLUIGI ALL'ASILO

VERBI
andare – to go
andare in bicicletta – to ride a
  bicycle
arrivare – to arrive
cambiare – to change
comandare – to command, give
  orders
convincere – to convince
dire – to say, tell
dovere – to have to, must
fermare – to stop
guidare – to drive
imparare – to learn
insegnare – to teach
leggere – to read
promettere – to promise
provare – to try
scrivere – to write
spiegare – to explain
vincere – to win
volere – to wish, want

SOSTANTIVI
l'asilo – kindergarten
la cosa – thing
la maestra – teacher
la permanenza – stay
la settimana – week
la fatica – work

AGGETTIVI / AVVERBI
bianco – white
antipatico – unpleasant, nasty
domani – tomorrow
ostinato – stubborn
povero – poor
sempre – always
simpatico – nice, compatible
tutto – everything, all

**CONGIUNZIONI / PRONOMI
/ PREPOSIZIONI**
Chi? – Who?
Come? – What? What was that?
durante – during
intorno – around
ma – but
Perché? – Why?
poi – then

3 Un passatempo di Gianluigi

Cosa fa Gianluigi quando non va all'asilo? Dorme, mangia e gioca. Ma durante il giorno non può giocare con i suoi amici perché loro sono all'asilo. Dunque, si alza tardi, si veste e va al bar dove lavorano i suoi due zii, i proprietari del bar, per giocare a carte. Un gioco molto popolare in Italia è *Scopa*[5]. Molti uomini, specialmente gli uomini in pensione, si riuniscono al bar e giocano per ore. Gianluigi entra, prende un'aranciata dal frigo che il nonno o il papà paga quando va al bar, prende una cannuccia, si siede con loro e gioca. È una meraviglia osservare un ragazzino di cinque anni con le carte in mano! Lui le conosce bene e sa contare benissimo i punti. Di tanto in tanto vince persino!

All'una, quando gli zii chiudono il bar per andare a casa per il pranzo, Gianluigi spesso va con loro. Mangia con appetito e poi quando ritorna a casa sua, mangia un'altra volta. Fa finta di non aver ancora pranzato. E poi quando la mamma scopre che ha già mangiato dagli zii, lei si arrabbia e gli dice che non può andare più al bar! Ci ritorna Gianluigi? Certo!!!

---

[5] *Scopa* is an Italian card game that is played with a deck of 40 cards.

A. Completa ogni frase della Colonna A scegliendo la conclusione corretta nella Colonna B.

<u>Colonna A</u>	<u>Colonna B</u>
1. Quando Gianluigi non va all'asilo	**a.** molto popolare in Italia.
2. Gianluigi si alza tardi, si veste e	**b.** beve un'aranciata.
3. I proprietari del bar sono	**c.** Gianluigi mangia troppo.
4. Gianluigi gioca a carte con	**d.** sa contare benissimo.
5. Mentre Gianluigi gioca a carte	**e.** dorme, mangia e gioca.
6. *Scopa* è un gioco	**f.** gli zii di Gianluigi.
7. Gianluigi conosce bene le carte e	**g.** uomini pensionati.
8. Gli zii chiudono il bar	**h.** a casa degli zii.
9. Spesso Gianluigi pranza	**i.** all'una.
10. Molte volte Gianluigi mangia	**j.** va al bar per giocare a carte.
11. La madre di Gianluigi si arrabbia perché	**k.** due volte.

B. Elimina la parola "intrusa".

*Esempio: supermercato / pizzeria / banca / **tavolo***

1. l'asilo / la maestra / gli studenti / l'appetito
2. i proprietari / il papà / gli zii / il nonno
3. osservare / cadere / guardare / vedere
4. la mano / il naso / la cannuccia / la bocca
5. il bar / il ristorante / la trattoria / la cena

C. Come si gioca a *Scopa*? Cerca su Internet le regole di questo gioco italiano. Poi scrivi qui sotto le principali regole in italiano.

_____

_____

_____

_____

_____

_____

_____

D. Crea le domande alle risposte seguenti.

Esempio: Gianluigi va **all'asilo**.- *Domanda:* Dove va Gianluigi?

1. Gli uomini si riuniscono **al bar**.

_____?

2. Gianluigi prende **un'aranciata**.

_____?

3. **Gli zii** di Gianluigi sono i proprietari del bar.

_____?

4. **Gianluigi** vince a carte qualche volta.

_____?

5. Un gioco italiano di carte si chiama **Scopa**.

_____?

E. Chiedi al tuo compagno o alla tua compagna queste domande.

1. Ti piace giocare a carte?

2. Come si chiama un gioco di carte molto popolare negli Stati Uniti?

3. Con chi ti piace giocare a carte?

4. Vinci o perdi quando giochi?

5. Secondo te, il gioco di carte è divertente o noioso?

F. Guarda il disegno e racconta cosa fa Gianluigi. Usa le parole e le espressioni nuove che hai imparato in questa storia.

VOCABOLARIO – UN PASSATEMPO DI GIANLUIGI

VERBI
alzarsi – to get up
arrabbiarsi – to get angry
chiudere – to close
contare – to count
creare – to create
dormire – to sleep
eliminare – to eliminate
entrare – to enter
fare finta di – to pretend
giocare – to play a sport, cards
mangiare – to eat
osservare – to observe
potere – to be able, can
prendere – to take (in)
raccogliere – to pick up, collect
riunirsi – to get together
sapere – to know how, a fact
scoprire – to find out, discover
sedersi – to sit down
vestirsi – to get dressed

SOSTANTIVI
l'appetito – appetite, hunger
l'asso -- ace
l'aranciata – orange drink
la cannuccia – drinking straw
le carte – playing cards
il cavallo – horse
il fante – queen in cards
il frigorifero (frigo) –
   refrigerator
il giocatore – player
il gioco – game
l'inizio – the beginning
il mazzo di carte – deck of cards
la meraviglia – wonder, surprise
il nonno – grandfather
il papà – father
il pranzo – dinner
il proprietario – owner,
proprietor
il punteggio – score, points
il re -- king
l'uomo – man (gli uomini –
   men)
gli zii – aunt(s) and uncle(s)

AGGETTIVI / AVVERBI
ancora – still, yet
Certo! – Of course!
di tanto in tanto – every now &
   then
già – already
in pensione – retired
intruso – intruded
persino – even, also
popolare – popular
spesso – often
tardi – late
un'altra volta – again, another
   time

**CONGIUNZIONI / PRONOMI
/ PREPOSIZIONI**
dunque – therefore, well
più – more

4 Gianluigi in cucina

Un altro passatempo di Gigi, il suo nomignolo, è cucinare. Si mette vicino alla cucina elettrica, gira le pietanze e le assaggia. Poi suggerisce alla mamma di aggiungere dell'olio, del sale o del pepe.

Gianluigi: Mamma, devi aggiungere un po' di sale e molto olio.

Mamma: Ma perché stai vicino alla cucina elettrica? Levati! Non toccare niente! Ti fai male! Ti bruci!

Gianluigi: Ho fame. Quando è pronto il pranzo?

Mamma: Tu hai sempre fame. Siediti e aspetta! Mangiamo quando è ora!

Gianluigi: Uffa! Devo sempre aspettare.

Un giorno io ho deciso di preparare il mio pranzo preferito, pollo e verdura. Lui è entrato in cucina e ha detto:

Gianluigi: Che buon profumo! Cosa stai preparando?

Marina: Pollo fritto con "rosamarino". Ti piace?

Gianluigi: Sì, molto. Ma, Marina, in italiano non si dice "rosamarino" si dice "rosmarino". Ripeti "rosmarino".

Marina: (Ridendo) Grazie della correzione. Non lo sapevo.

Gianluigi: Prego. Senti, che altro hai preparato? Hai fatto l'insalata? Ci sono anche le patate?

Marina: Sì, le patate con le carote e cipolle sono nel forno.

Gianluigi: Non vedo l'ora[6] di mangiare!

---

[6] **Non vedere l'ora** – can't wait; to look forward

A. Inserisci la parola giusta per completare il brano.

Gigi ha **(1)** _____ curiosità anche della cucina. Quando

(2) _____ che la mamma sta per preparare qualcosa

da **(3)** _____, lui va in cucina, gira le pietanze e le assaggia

per vedere se la mamma ha **(4)** _____ di aggiungere del

sale, del pepe o dell'olio. La sua mamma ha **(5)** _____

quando lo vede in cucina vicino alla cucina elettrica. Gli dice

sempre di stare **(6)** _____ dalla cucina elettrica ma

Gigi è un ragazzino troppo **(7)** _____ o forse ha molta

fame e non **(8)** _____ l'ora di mangiare.

1.	**A)** un	**B)** il	**C)** molta	**D)** molto
2.	**A)** va	**B)** sa	**C)** fa	**D)** sta
3.	**A)** comprare	**B)** leggere	**C)** scrivere	**D)** mangiare
4.	**A)** bisogno	**B)** fretta	**C)** sonno	**D)** caldo
5.	**A)** paura	**B)** caldo	**C)** torto	**D)** sete
6.	**A)** su	**B)** lontano	**C)** con	**D)** di fronte
7.	**A)** nervoso	**B)** pesante	**C)** noioso	**D)** curioso
8.	**A)** vedo	**B)** vedi	**C)** vede	**D)** vedono

B. Scrivi il contrario di ogni parola.

1. oggi _____

2. niente _____

3. sempre _____

4. molto _____

5. male _____

6. con _____

C. Cantiamo insieme in italiano.

Il primo giorno d'estate, il mio amore mi mandò

una pizza   con carciofini

Il secondo giorno   due cavolini

Il terzo giorno   tre carote

Il quarto giorno   quattro piselli

Il quinto giorno   cinque peperoni

Il sesto giorno   sei fagiolini

Il settimo giorno   sette pomodori

L'ottavo giorno   otto cipolline

Il nono giorno   nove ravanelli

Il decimo giorno   dieci melanzane

L'undicesimo giorno undici formaggini

Il dodicesimo giorno dodici patate

D. Rispondi con frasi complete.

1. Qual è il nomignolo di Gianluigi?

2. Cosa fa Gianluigi in cucina?

3. Perché Gigi non vuole aspettare?

4. Quale parola non pronuncia bene Marina?

5. Cosa dice Gigi quando sente l'odore del rosmarino?

E. Guarda il disegno e racconta cosa fa Gianluigi. Usa le parole e le espressioni nuove che hai imparato in questa storia.

_____

_____

_____

_____

_____

_____

_____

_____

_____

_____

_____

_____

_____

_____

_____

_____

_____

_____

VOCABOLARIO – GIANLUIGI IN CUCINA

VERBI

aggiungere – to add
aspettare – to wait (for)
assaggiare – to taste
avere fame – to be hungry
bruciarsi – to get burned
cantare – to sing
completare – to complete
cucinare – to cook
decidere – to decide
farsi male – to get hurt
friggere – to fry
girare – to stir, turn
mettersi – to put on
preparare – to prepare
ridere – to laugh
ripetere – to repeat
sentire – to listen
suggerire – to suggest
toccare – to touch

AGGETTIVI / AVVERBI

giusto – correct, fair
preferito – favorite
vicino a – near
primo – first
secondo – second
terzo – third
quarto – fourth
quinto – fifth
sesto – sixth
settimo – seventh
ottavo – eighth
nono – ninth
decimo – tenth
undicesimo – eleventh
dodicesimo – twelveth

SOSTANTIVI

il brano – passage
il carciofo – artichoke
la carota – carrot
il cavolo – cabbage
il cavolino – brussel sprout
la cipolla – onion
il contrario – opposite, antonym
la correzione – correction
la cucina elettrica – stove
l'estate – summer
il fagiolo – bean
il formaggino – cheese
il forno – oven
l'insalata – salad
la melanzana – eggplant
il nomignolo – nickname
l'olio – oil
il passatempo – hobby, passtime
la patata – potato
i peperoni – peppers
il pepe – pepper
la pietanza – dish of food
il pisello – pea
il pollo – chicken
il pollo fritto – fried chicken
il pomodoro – tomato
il profumo – smell, odor,
   perfume
il ravanello – radish
il rosmarino – rosemary (spice)
il sale – salt

CONGIUNZIONI / PRONOMI / PREPOSIZIONI

Che altro? – What else?
niente – nothing

Un giorno tipico con Gigi

Io sono insegnante. Allora ogni giorno, con molta pazienza e calma, provo a incoraggiare Gigi allo studio. Qualche volta ci riesco ma molte volte no. Ecco una delle nostre lezioni a casa.

Marina: Gigi, oggi non abbiamo molto da fare. Perché non ripassiamo l'alfabeto?

Gigi: Marina, ho un'idea! Prima facciamo colazione e poi impariamo.

Marina: D'accordo. Allora facciamo colazione adesso!

Gigi: Adesso non ho fame. Aspettiamo un po'! Vieni qui e giochiamo un po'.

Marina: Va bene.

Gigi è molto furbo ed io so che non ha voglia di studiare. Io aspetto con pazienza. Dopo dieci minuti lui si stufa[7] di giocare e decide di fare colazione.

Gigi: Marina, facciamo colazione adesso. Ho molta fame.

Marina: Va bene. E poi lo studio!

Gigi: Uffa! Tu pensi sempre allo studio! Lavoriamo soltanto cinque minuti! Va bene?

Quando finiamo la colazione...

Marina: Dunque, recita l'alfabeto piano piano.

Gigi: A, b, c, d, e, f, g, h, i, l, m, n, o, p, q, r, s, t, u, v, z

Marina: Bravo! Bravissimo! Adesso scriviamo alcune parole!

Gigi: Marina, io non so scrivere! In Italia i bambini imparano a scrivere alle scuole elementari. È il lavoro dei maestri. Quando non c'è scuola, i bambini giocano e si divertono. Non hanno voglia di scrivere. Mi capisci?

Marina: (*Molto sorpresa*) In America i genitori insegnano a leggere ai bambini così quando cominciano la scuola loro sono già preparati.

Gigi: L'Italia non è come l'America!

---

[7] **stufarsi** – to get fed up with something

A. Scegli la risposta appropriata.

1. Che lavoro fa Marina?
    A. Lei prepara le colazioni.   **C.** Lei fa la scrittrice.
    B. Lei è giornalista.   **D.** Lei è professoressa.

2. Com'è Marina?
    A. È una persona molto tranquilla.
    B. È molto impaziente.
    C. È molto nervosa.
    D. È antipatica e furba.

3. Cosa desidera fare Marina?
    A. Desidera giocare con Gianluigi.
    B. Desidera insegnare a Gianluigi.
    C. Desidera recitare l'alfabeto.
    D. Desidera imparare a cucinare.

4. Perché Gianluigi non ha voglia di studiare?
    A. È in vacanza.   **C.** È stanco.
    B. Sa già tutto.   **D.** Deve giocare a carte.

5. Secondo Gianluigi, dove imparano i bambini italiani?
    A. a casa   **C.** a scuola
    B. al parco   **D.** al bar

B. Inserisci la parola corretta per completare ciascuna frase.

quando / pazienza / voglia / incoraggia / differente /
l'alfabeto / ai / da / scrivere / si divertono

1. Marina _____Gianluigi allo studio.
2. Quando non c'è molto _____ fare, Marina desidera leggere con Gianluigi.
3. Gianluigi non ha _____ di studiare.
4. Marina aspetta con molta _____.
5. Finalmente Gianluigi dice _____.
6. Gianluigi non sa _____.
7. Secondo Gianluigi i bambini _____ quando non c'è scuola.
8. I bambini imparano a scrivere _____vanno a scuola.
9. In America i genitori insegnano a leggere_____ bambini.
10. L'Italia è _____ dall'America.

C. Abbina la Colonna A con la Colonna B.

Colonna A	Colonna B
1. Let's work for five minutes!	**a.** Recita l'alfabeto!
2. Recite the alphabet!	**b.** Aspettiamo un po'!
3. Let's write some words!	**c.** Lavoriamo per cinque minuti!
4. Let's have breakfast!	**d.** Facciamo colazione!
5. Let's wait a bit!	**e.** Scriviamo alcune parole!

D. Rispondi con frasi complete.

1. Che cosa prova a fare Marina con Gianluigi?

2. Cosa fa Gianluigi invece di studiare?

3. Perché Gianluigi dice "Uffa" a Marina?

4. Chi insegna ai bambini italiani?

5. Secondo Marina, quando cominciano ad imparare i bambini americani?

E. Guarda il disegno e racconta cosa fa Gianluigi. Usa le parole e le espressioni nuove che hai imparato in questa storia.

_____

_____

_____

_____

_____

_____

_____

_____

_____

_____

_____

_____

_____

_____

VOCABOLARIO – UN GIORNO TIPICO CON GIGI

VERBI
abbinare – to match
avere molto da fare – to have a
  lot to do
avere voglia di – to feel like
capire(isc) – to understand
divertirsi – to have fun
fare colazione – to have breakfast
incoraggiare – to encourage
provare – to try
recitare – to recite
ripassare – to review
riuscire – to succeed
stufarsi – to get tired with

SOSTANTIVI
la calma – quietness, calm
l'insegnante – teacher,
  instructor
il lavoro – work, job
la parola – word
la pazienza – patience

AGGETTIVI / AVVERBI
adesso – now
invece di – instead
qualche volta – sometimes

**CONGIUNZIONI / PRONOMI
/ PREPOSIZIONI**
allora – therefore, well
così – so
soltanto – only

Gianluigi dal barbiere

Nessuno accompagna Gianluigi dal barbiere. Quando la mamma o il papà gli dicono di farsi tagliare i capelli, lui si ferma dal cugino che ha un negozio di barbiere a Fornelli. Per fortuna, il negozio di barbiere non si trova troppo lontano dalla sua casa. Però i suoi genitori si preoccupano perché deve attraversare la strada e scendere parecchie scale. Per un ragazzino della sua età, può essere una situazione molto pericolosa.

Quando arriva al negozio, entra, si guarda tutt'intorno e dice buongiorno. Poi, nota che ci sono tre o quattro uomini che aspettano il loro turno e senza esitare, chiede a suo cugino se gli può tagliare i capelli.

Ogni volta che questo succede il cugino gli ricorda che la mamma deve fissare prima un appuntamento[8], perché ci sono altre persone in attesa. Gigi lo guarda e con quella faccia sorridente e la voce sottile, dice: "Lo so, ma io sono venuto perché non ho niente da fare adesso. Aspetto o me ne vado"? Il cugino, con un sorriso, gli dice "Aspetta un attimo[9]! Te li faccio! Vuoi fare anche uno shampoo"?

Nessuno è capace di dire no a Gianluigi perché lui è un ragazzino affascinante.

---

[8] **fissare un appuntamento** – to make an appointment
[9] **Aspettare un attimo** – to hold on a minute

A. Completa ciascuna frase con la parola adeguata tra le seguenti.

manda / appuntamento / da solo / affascinante / fare / turno / cugino

1. Gianluigi va dal barbiere _____.

2. Lui decide di andare dal barbiere quando non ha nient'altro da _____.

3. I clienti aspettano il loro _____.

4. Gianluigi entra nel negozio di barbiere senza un

_____.

5. Il barbiere è il _____ di Gianluigi.

6. Il barbiere si arrabbia ma non _____ via Gianluigi.

7. Secondo il barbiere, Gianluigi è un ragazzino _____.

B. Abbina la Colonna A con la Colonna B.

Colonna A	Colonna B
1. _____lui taglia i capellli	**a.** le forbici
2. _____sono ricci, lisci, lunghi o corti	**b.** il barbiere
3. _____si fissa dal barbiere	**c.** lo shampoo
4. _____si usano per tagliare	**d.** i capelli
5. _____detergente per i capelli	**e.** l'appuntamento

C. Forma frasi complete con le parole seguenti.

1. la / si / madre / il / preoccupano / padre / Gianluigi / di / e / molto

_____

_____

2. il / di / si / lontano / barbiere / negozio / casa / dalla / Gianluigi / del / trova / non

_____

_____

3. ferma / si / quando / bisogno / ha / farsi / di / capelli / i / Gianluigi / barbiere / dal

_____

_____

4. ragazzino / affascinante / arrabbia / non / barbiere / il / Gianluigi / perché / si / è / un

_____

_____

D. Rispondi alle domande seguenti con frasi complete.

1. Chi va dal barbiere con Gianluigi?

2. Cosa dice il barbiere a Gianluigi quando lo vede entrare?

3. Quante persone aspettano per farsi tagliare i capelli?

4. Perché Gianluigi decide di andare dal barbiere?

5. Chi è il barbiere?

E. Guarda il disegno e racconta cosa fa Gianluigi. Usa le parole e le espressioni nuove che hai imparato in questa storia.

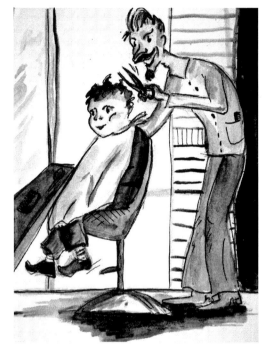

_____

_____

_____

_____

_____

_____

_____

_____

_____

_____

_____

_____

_____

_____

_____

_____

VOCABOLARIO – GIANLUIGI DAL BARBIERE

VERBI
accompagnare – to accompany
attraversare – to cross
esitare – to hesitate
farsi tagliare i capelli – to get a
  hair cut
fissare – to set
notare – to notice, note
preoccuparsi – to worry
ricordare – to remember, to
  remind
scendere – to descend
succedere – to happen
trovarsi – to be located
venire – to come

SOSTANTIVI
l'attesa – waiting time
il barbiere – barber
le forbici – scissors
il negozio – store
le scale – stairs
il sorriso – smile
la strada – road
il turno – turn; shift

AGGETTIVI / AVVERBI
affascinante – amazing,
  fascinating
capace – able, capable
liscio – straight
lontano da – far from
ogni volta – each time, every
  time
per fortuna – luckily, fortunately
pericoloso – dangerous
riccio – curly
troppo – too, too much
tutt'intorno – all around

**CONGIUNZIONI / PRONOMI
/ PREPOSIZIONI**
nessuno – nobody, no one
senza – without

7 Gigi al mare

Gigi ama andare al mare. Quando la mamma, la zia o un altro parente gli dice che vanno al mare, lui subito si prepara la borsa. Prende un asciugamano grande, un berretto, gli occhiali da sole, la crema per l'abbronzatura, alcune bevande e naturalmente, si prepara anche uno o due panini. I suoi preferiti sono i panini al prosciutto con provolone o mozzarella. Sembra così contento ed entusiastico ma, quando arriva al mare diventa un ragazzino del tutto diverso. Non è più il bambino forte, furbo, curioso, energico, vivace e capace che tutti conoscono. Perché? Perché ha paura[10] dell'acqua! Si innervosisce quando entra nel mare e non riesce a nuotare.

Ecco Gigi al mare con il nonno:

il nonno: Gigi, andiamo nell'acqua. Devi imparare a nuotare.

Gigi: Nonno, ho paura. E se cado nell'acqua? Non voglio l'acqua negli occhi e nelle orecchie.

il nonno: Non avere paura! Non cadi! Ti tengo io! Devi muovere soltanto le braccia e le gambe contemporaneamente.

Gigi: Va bene ma non mi lasciare! Me lo prometti?

il nonno: Non ti lascio! Non ti preoccupare!

Da lontano si sentono gli strilli di Gianluigi: "Nonno, non mi fare cadere! Non mi lasciare! Ho molta paura"!

---

[10] **avere paura** – to be afraid of something

A. Rispondi alle domande seguenti con frasi complete.

1. Cosa fa Gianluigi prima di andare al mare?

2. Cosa porta Gianluigi al mare?

3. Che tipo di panini prepara Gianluigi?

4. Com'è Gianluigi al mare? Perché?

5. Con chi va nell'acqua Gianluigi?

B. Come si dicono queste frasi in italiano?

1. Don't be afraid! _____

2. Don't worry! _____

3. You will not fall. _____

4. I am holding you. _____

5. Don't let me fall! _____

6. Don't let me go! _____

C. Completa le frasi seguenti.

*Esempio: La bocca si usa per **parlare**.*

1. Le braccia si usano per _____

2. Le gambe si usano per _____

3. Gli occhi si usano per _____

4. I piedi si usano per _____

5. Le mani si usano per_____

6. I denti si usano per_____

7. Le orecchie si usano per _____

D. Completa ciascuna frase con la parola adeguata tra le seguenti.

paziente / pauroso / diverso / affamato / piacevole

1. Secondo Gianluigi il nuoto è molto _____.

2. Il nonno di Gianluigi è una persona molto

_____.

3. Quando Gianluigi prova a nuotare, lui diventa un ragazzino

del tutto _____.

4. Prima di andare al mare, Gianluigi è sempre molto

_____.

5. Per Gianluigi è molto _____ andare al mare.

E. Chiedi al tuo compagno o alla tua compagna queste domande.

1. Ti piace andare al mare? Perché?

2. Quante volte alla settimana vai al mare durante l'estate?

3. Con chi ti piace andare al mare? Perché?

4. Cosa porti con te quando vai al mare?

5. Preferisci nuotare al mare o in piscina? Perché?

F. Guarda il disegno e racconta cosa fa Gianluigi. Usa le parole e le espressioni nuove che hai imparato in questa storia.

_____

_____

_____

_____

_____

_____

_____

_____

_____

_____

_____

_____

_____

_____

_____

_____

VOCABOLARIO – GIGI AL MARE

VERBI
abbracciare – to hug
amare – to love
aprire – to open
ascoltare – to listen to
avere paura – to be afraid
cadere – to fall
camminare – to walk
chiudere – to close
guardare – to watch, to look at
innervosire(isc) – to get nervous
lasciare – to leave, to let go
lavare – to wash
masticare – to chew
muovere – to move
nuotare – to swim
prepararsi – to get ready
promettere – to promise
riuscire – to succeed
salutare – to greet
scrivere – to write
sembrare – to seem, appear
sentire – to hear
tenere – to hold
vedere – to see

SOSTANTIVI
l'asciugamano – towel
la borsa – bag, pocketbook
il berretto – cap
le bevande – beverages
il braccio – arm
la crema per l'abbronzatura –
    tanning lotion
i denti – teeth
la gamba – leg
il mare – sea, sea-side
gli occhiali da sole – sunglasses
le onde - waves
le orecchie – ears
il/la parente – relative
il prosciutto – ham
lo strillo – scream, shriek

AGGETTIVI / AVVERBI
affamato – hungry
alcuno – some
contemporaneamente – at the
    same time
da lontano – from afar
del tutto diverso – very different
ecco – here, there
furbo – cunning, clever
pauroso – scary, fearful
subito – immediately, quickly

**CONGIUNZIONI / PRONOMI
/ PREPOSIZIONI**
insieme – together
secondo – according to

Gianluigi al mercato

In molte case italiane c'è sempre una ciotola di frutta sulla tavola. Perché? Gli italiani mangiano molta frutta fresca. Quasi ogni giorno vanno dal fruttivendolo e comprano, a seconda della stagione, un po' d'uva, delle pere, delle mele, delle pesche, delle arance e delle banane.

Quest'estate, durante il mio soggiorno con la famiglia di Gianluigi, anch'io sono andata dal fruttivendolo parecchie volte e ho comprato non soltanto la frutta ma anche della verdura; carote, peperoni, broccoli, funghi, cipolle e zucchine perché un piatto che mi piace moltissimo si chiama "pasta primavera". Questo piatto richiede molta verdura. Non ho comprato mai le banane perché, secondo me, si guastano subito quando fa un gran caldo.

Un giorno Gianluigi è andato al mercato con sua zia Alessandra.

Gianluigi: Zia, compriamo le banane perché io so che Marina non le compra.

Zia: Sei sicuro? Lei ha detto che ha comprato tutto.

Gianluigi: Sono sicurissimo!

Zia: Va bene, compriamo delle banane!

Appena tornato a casa, Gianluigi è corso da me e mi ha chiesto...

Gianluigi: Hai comprato le banane stamattina?

Marina: Io? No, ma ho comprato molti altri tipi di frutta e molta verdura.

Gianluigi: Lo sapevo, perciò le abbiamo comprate noi al mercato.

A dire la verità, sono rimasta a bocca aperta[11]. Un ragazzino di cinque anni, così giovane e così saggio!!!

---

[11] **rimanere a bocca aperta** – to be flabbergasted

A. **Completa le frasi della Colonna A scegliendo la conclusione corretta nella Colonna B.**

Colonna A	Colonna B
1. Marina ha comprato____	**a.** che Marina non ha comprato le banane.
2. Gianluigi è andato al mercato____	**b.** perché si guastano subito.
3. La zia di Gianluigi compra____	**c.** frutta e verdura.
4. Quando Gigi ritorna a casa, scopre____	**d.** delle banane.
5. Marina non compra le banane____	**e.** con sua zia.

B. **Descrivi ogni verdura con tre aggettivi.**

- Colore (giallo, verde, arancione, ecc)
- Forma (rotondo, rettangolare, ovale, ecc)
- Sapore (dolce, squisita, saporita, ecc)

Esempio: *Il pomodoro è rosso, rotondo e dolce.*

1. Le zucchine sono _____

2. La carota è _____

3. I funghi sono _____

4. I peperoni sono _____

5. La cipolla è _____

C. Scrivi il contrario di ciascun aggettivo.

1. giovane _____

2. saggio _____

3. furbo _____

4. caldo _____

5. aperto _____

D. Chiedi al tuo compagno o alla tua compagna queste domande.

1. Mangi molta frutta ogni giorno?

2. Quale frutta preferisci?

3. A casa tua c'è una ciotola di frutta sulla tavola?

4. Preferisci la frutta secca o quella fresca?

5. Dove vai a comprare la frutta?

E. Guarda il disegno e racconta cosa fa Gianluigi. Usa le parole e le espressioni nuove che hai imparato in questa storia.

_____

_____

_____

_____

_____

_____

_____

_____

_____

_____

_____

_____

_____

_____

_____

VOCABOLARIO – GIANLUIGI AL MERCATO

VERBI
chiedere – to ask (for)
correre – to run
guastarsi – to spoil, to go bad
odiare – to dislike, hate
richiedere – to require, request
sapere – to know

SOSTANTIVI
l'arancia – orange
la banana – banana
la ciotola – bowl
la cipolla – onion
il fruttivendolo – fruit vendor
i funghi – mushrooms
la mela – apple
il mercato – outdoor market
i peperoni – peppers
la pera – pear
la pesca – peach
il sapore – taste
la tavola – table
l'uva – grapes
la verdura – vegetables
la verità – truth
le zucchine – zucchini

AGGETTIVI / AVVERBI
a seconda della stagione –
   depending on the season
caldo – warm, hot
fresco – fresh
ovale – oval
parecchie volte – several times
rettangolare – rectangular
rotondo – round
saggio – wise
saporito – tasty, savoury
secco – dry, dried
sicuro – sure
squisito – delicious
stamattina – this morning

CONGIUNZIONI / PRONOMI / PREPOSIZIONI
anche – also
perciò – for that reason

9 Gigi prepara la macedonia

Una delle passioni di Giangluigi è mangiare e lui sa che anche a me piace mangiare. Spesso lui mi chiede...

Gianluigi: Marina, hai fame?

Marina: Un po'. Ma Gigi fra poco pranziamo.

Gianluigi: Senti, ho un'idea! Facciamo una macedonia. È molto leggera.

Gianluigi prende un'arancia, una pesca, delle ciliege, una mela e una pera dalla ciotola di frutta sulla tavola e comincia a spiegare a Marina come si fa una macedonia.

Gianluigi: Marina, puoi usare un frutto, due frutti o di più. Io, di solito, ne uso due per me ma siccome siamo in due, oggi ne usiamo quattro. Guarda, prima si lava la frutta, dopo si sbuccia e poi si taglia a pezzettini.

Gianluigi prepara una macedonia abbondante.

Marina: Buon lavoro, Gigi! È bellissima! Posso assaggiarla!

Gianluigi: Aspetta! Prima di mangiarla dobbiamo aggiungere un po' di zucchero e dobbiamo girarla bene.

Gianluigi aggiunge dello zucchero, la gira parecchie volte e poi prende due piattini da un armadietto e la divide in due.

Marina: Grazie. È deliziosa. Quando ritorno in America la faccio anch'io.

Gianluigi: Prego. Ma senti, Marina, non dire a mamma che abbiamo mangiato prima del pranzo!

A. Inserisci la parola giusta per completare il brano.

Qualche volta Gianluigi ha **(1)** _____ fame e non può aspettare l'ora del pranzo. Quindi decide di **(2)** _____ una merenda molto leggera, una macedonia per lui e per Marina. Infatti lui comincia a spiegare a Marina **(3)** _____ preparazione di una macedonia. Prende la frutta di cui ha bisogno, la lava, la sbuccia e la taglia a pezzettini. Poi la mette **(4)** _____ piattini, aggiunge dello zucchero e la gira molto bene. Secondo Marina la macedonia è deliziosa e quando lei ritorna **(5)** _____ Stati Uniti anche lei vuole preparare **(6)** _____ macedonia come quella che **(7)** _____ preparato Gianluigi.

1. **A)** molto **B)** molta **C)** molte **D)** molti
2. **A)** cucinare **B)** lavare **C)** preparare **D)** tagliare
3. **A)** la **B)** le **C)** il **D)** lo
4. **A)** sui **B)** sugli **C)** sullo **D)** sulle
5. **A)** nei **B)** nello **C)** nell' **D)** negli
6. **A)** un' **B)** uno **C)** una **D)** un
7. **A)** hai **B)** avete **C)** ho **D)** ha

B. Quale frutta è? Dalla descrizione indovina il nome della frutta.

1. È verde, rossa nera, piccola e si vende in grappoli. _____

2. Sono piccoline, rosse, rotonde e dolci. _____

3. Sono rotonde, gialle, verdi e rosse. _____

4. Sono marroni, verdi e gialle e ovali. _____

5. È gialla e lunga. _____

6. È rotonda, succosa e arancione. _____

C. Trova le parole dei sette tipi di frutta e poi scrivi il loro significato in inglese.

E	B	K	K	V	G	Q	F	P	C	P	U
I	R	M	P	Y	E	C	N	A	R	A	V
P	K	E	E	Y	Y	S	W	Q	A	C	A
K	T	M	P	L	C	X	E	N	Z	M	M
L	Z	B	I	P	E	S	C	A	T	Z	G
S	B	B	A	N	A	N	E	E	N	R	Z
R	A	I	G	E	I	L	I	C	J	P	H

1. arance_____

2. banane _____

3. ciliegia_____

4. mele _____

5. pere_____

6. pesca_____

7. uva _____

D. Chiedi al tuo compagno o alla tua compagna queste domande.

1. Qual è la tua frutta preferita?

2. Ti piace mangiare la macedonia prima o dopo la cena?

3. Quale frutta usi tu per preparare una macedonia?

4. Le passioni di Gianluigi sono cucinare e mangiare. Quali sono le tue passioni?

5. A che ora cena la tua famiglia?

E. Guarda il disegno e racconta cosa fa Gianluigi. Usa le parole e le espressioni nuove che hai imparato in questa storia.

➤➤➤

VOCABOLARIO – GIGI PREPARA LA MACEDONIA

VERBI	SOSTANTIVI
cenare – to have dinner	l'armadietto – cupboard
dividere – to divide, share	la ciliegia – cherry
dovere – to have to, must	il grappolo – bunch
lavare – to wash	la macedonia – fruit cocktail
sbucciare – to peel	la passione – passion
spiegare – to explain	il pezzettino – small piece
tagliare – to cut	il piattino – saucer
	lo zucchero – sugar

AGGETTIVI / AVVERBI	CONGIUNZIONI / PRONOMI / PREPOSIZIONI
abbondante – abundant, plentiful	a che ora? – at what time?
delizioso – delicious	di solito – usually
di solito – usually	dopo – after
dolce – sweet	prima – before
ovale – oval	
preferito – favorite	
rotondo – round	
succoso – juicy	

Gli ultimi giorni con Gianluigi

È la fine di agosto. È l'ultima settimana del mio soggiorno a Fornelli. Mi sono divertita un sacco[12] con gli amici, i parenti e soprattutto con il nipote di un buon amico, Gianluigi. Il giorno prima della mia partenza mi sono seduta con lui come ho fatto durante molti giorni, l'ho abbracciato stretto stretto molte volte, gli ho dato tantissimi baci e ho pianto.

Gianluigi: Marina, perché piangi?

Marina: Domani ritorno negli Stati Uniti e tu mi mancherai moltissimo! Ti voglio molto bene, Gigi.

Gianluigi: Perché devi ritornare? Non ti piace stare con noi?

Marina: La scuola comincia all'inizio di settembre. Devo ritornare al lavoro.

Gianluigi: Tu sei la professoressa! Telefona al preside e digli che non vuoi andare a scuola!

Marina: *(Ridendo)* Gianluigi, devo ritornare perché ci sono molti ragazzini bravi come te che mi aspettano.

Gianluigi: A che ora parti domani mattina? Parti da Roma? Chi ti porta all'aeroporto? Posso venire anch'io all'aeroporto?

Marina: Certo che puoi venire ma io parto molto presto. Ti svegli a quell'ora?

Gianluigi: Mi faccio svegliare da nonno. Marina, quando ritorni qui?

Marina: Presto! Te lo giuro[13]!

---

[12] **divertirsi un sacco** – to have a great time
[13] **Te lo giuro!** – I swear to you!

A. Scegli la risposta appropriata.

1. Cosa fa Marina prima di partire?
   A. Si diverte con i suoi amici all'aeroporto.
   B. Va a trovare tutti i suoi parenti.
   C. Continua a insegnare l'alfabeto a Gianluigi.
   D. Mostra il suo affetto per Gianluigi.

2. Perché Marina piange?
   A. Non vuole ritornare al lavoro.
   B. Non vuole lasciare Gigi.
   C. Desidera rimanere con i suoi amici a Fornelli.
   D. Desidera lavorare all'asilo a Fornelli.

3. Quando comincia il lavoro di Marina?
   A. in agosto　　　　**C.** in settembre
   B. in giugno　　　　**D.** in aprile

4. Come si sente Gianluigi?
   A. Anche lui sembra triste.
   B. Lui sorride.
   C. Lui vuole ritornare con Marina.
   D. Anche lui piange.

5. Quando ritorna Marina in Italia Fornelli?
   A. mai　　　　　　**C.** fra dieci anni
   B. fra pochi mesi　　**D.** la settimana prossima

B. Qual verbo deriva da questi nomi?

Esempio: il pianto - piangere

1. il bacio　　　_____

2. l'abbraccio　　_____

3. la partenza　　_____

4. l'inizio　　　_____

5. il divertimento　_____

C. **Chiedi al tuo compagno o alla tua compagna queste domande.**

1. Sei già stato(a) in Italia? Dove?
2. Quali paesi stranieri hai visitato?
3. Con chi ti piace viaggiare? Perché?
4. Secondo te, com'è una vacanza perfetta?
5. Quante volte all'anno fai un viaggio?

D. **Descrivi questa foto. La donna è Marina e il ragazzino è Gianluigi. È il giorno della partenza di Marina.**

VOCABOLARIO – GLI ULTIMI GIORNI CON GIANLUIGI

VERBI
abbracciare – to hug
alzare – to lift, raise
avere fretta – to be in a hurry
baciare – to kiss
dare – to give
desiderare – to wish
giurare – to swear
mancare – to miss
nascondere – to hide
pagare – to pay (for)
piangere – to cry
portare – to bring
potere – to be able, can
sorridere – to smile
svegliare – to wake
svegliarsi – to wake up
telefonare a – to telephone
viaggiare – to travel
volere bene – to love

SOSTANTIVI
l'abbraccio – hug
l'aeroporto -- airport
l'affetto – affection, love
il bacio – kiss
il divertimento – amusement,
 fun
la Francia – France
l'Inghilterra – England
l'inizio – beginning
la partenza – departure
il posto – place
il preside – school principal
lo squardo – look, glance
il sole -- sun
la Spagna – Spain
i soldi – money
il viaggio – trip

AGGETTIVI / AVVERBI
almeno – at least
costoso – costly
presto – soon
prossimo – next
soprattutto – above all
triste – sad
ultimo – last

**CONGIUNZIONI / PRONOMI
/ PREPOSIZIONI**
mai – never, ever
fra – in; between; among
purtroppo – unfortunately
soltanto – only

APPENDIX

Verbi – Verbs

abbracciare – to hug	fare quattro chiacchiere – to chat
accompagnare – to accompany	farsi male – to get hurt
aggiungere – to add	farsi tagliare i capelli – to get a hair cut
alzare – to lift, raise	fermare – to stop
alzarsi – to get up	fermarsi – to stop oneself
andare in bicicletta–to ride a bicycle	finire (isc) – to finish
andare a trovare – to visit	fissare – to set, make
andare – to go	friggere – to fry
andarsene – to go away	giocare a – to play
aprire – to open	girare – to stir, turn
arrabbiarsi – to get angry, mad	guardare – to look at, watch
arrivare – to arrive	guastare – to ruin, spoil
ascoltare – to listen to	guidare – to drive
aspettare – to wait for	imparare – to learn
assaggiare – to taste	incoraggiare – to encourage
avere – to have	innervosire(isc) – to get nervous
avere fame – to be hungry	insegnare – to teach
avere fretta – to be in a hurry	inventare – to invent
avere paura – to be afraid	lasciare – to leave behind
avere voglia di – to feel like	lavare – to wash
bruciare – to burn	lavorare – to work
cadere – to fall	leggere – to read
cambiare – to change	levarsi – to get out of the way
camminare – to walk	masticare – to chew
capire (isc) – to understand	mancare – to miss
cercare – to look for	mangiare – to eat
chiamarsi – to be called	mettersi – to put on
chiedere – to ask for	muovere – to move
chiudere – to close	nascere – to be born
cominciare – to begin, start	nascondere – to hide
comprare – to buy	nuotare – to swim
conoscere – to know a person	osservare – to observe, see
contare – to count	pagare – to pay for
correggere – to correct	parlare – to speak, talk
correre – to run	pensare – to think
cucinare – to cook	piacere – to like
decidere – to decide	piangere – to cry
dire – to tell, say	potere – to be able to, can
diventare – to become	pranzare – to dine
divertirsi – to enjoy oneself	preferire (isc) – to prefer
dividere – to divide, share	prendere – to take, to take in
dormire – to sleep	preoccupare – to worry
dovere – to have to	preparare – to prepare
entrare – to enter	promettere – to promise
esitare – to hesitate	pronunciare – to pronounce
esserci – to be there	provare a – to try
essere – to be	raccogliere – to pick up, collect
fare – to do, make	raccontare – to tell a story
fare cadere – to drop	recitare – to recite
fare colazione – to have breakfast	ricordare – to remember, remind
fare delle domande–to ask questions	ridere – to laugh
fare finta di – to pretend	rimanere – to stay, remain

Verbi – Verbs continued

ripetere – to repeat
ripassare – to review
riposarsi – to relax
ritornare – to return
riunirsi – to get together
riuscire – to succeed
salutare – to greet
sapere – to know a fact
sbucciare – to peel
scopare – to sweep
scoprire – to discover
scrivere – to write
sedersi – to sit down
sentire – to hear
spiegare – to explain
stare – to stay, be

stare per – to be about to
studiare – to study
stufarsi – to get tired of
succedere – to happen
suggerire(isc) – to suggest
tagliare – to cut
telefonare a – to telephone
tenere – to hold
toccare – to touch
usare – to use
vedere – to see
venire – to come
vestirsi – to get dressed
vincere – to win
volere – to want
volere bene – to like, love

➤➤➤

Aggettivi – Adjectives

abbondante – abundant, plentiful
affascinante – fascinating
alto – tall
antipatico – rude
aperto – opened
astuto – astute, wise
bravo – well-behaved, fine
buono – good
calmo – calm
capace – capable
castano – brown, chestnut
chiaro – clear
curioso – curious
delizioso – delicious
difficile – difficult, hard
diverso – different, diverse
forte – strong
fritto – fried
furbo – sly
giovane – young
giusto – right, fair
grande – big, large
grasso – fat
incredibile – incredible
indimenticabile – unforgettable
leggero – light

lungo – long
nervoso – nervous
noioso – boring
nuovo – new
ostinato – stubborn
pauroso – scary, fearful
pesante – heavy
piacevole – pleasant
piano – slow
piccolo – small
pieno di – filled with, full of
popolare – popular, famous
preferito – favorite
pronto – ready
saggio – wise
salutare – to greet
sicuro – sure, certain
simpatico – nice, kind
sorprendente – amazing, astonishing
sorridente – smiling
sottile – thin (voice)
succoso – juicy
straordinario – extraordinary
tondo – round
tranquillo – tranquil, calm
veloce – fast

Sostantivi – Nouns

gli abitanti – residents,
inhabitants
l'acqua – water
l'aeroporto – airport
l'amico – friend
l'appartamento –
apartment
l'arancia – orange
l'asilo – kindergarten
l'asso – ace
il barbiere – barber
la borsa – bag,
pocketbook
il braccio – arm
la calma – calm,
quietness
la cannuccia – straw
i capelli – hair
la carota – carrot
le carte – playing cards
il cavallo – horse (jack)
la ciotola – bowl
la cipolla – onion
la colazione – breakfast
la cosa – thing
la cucina elettrica –
stove
il cugino – cousin
la curiosità – curiosità
la donna – lady, woman
l'estate – summer
l'età – age
la faccia – face
il fante – queen (cards)
il figlio – son
il frigo – refrigerator
il fruttivendolo – fruit
vendor
il frutto – fruit

la gamba – leg
il giocatore – player
l'inizio – the beginning
il lavoro – work, job
la macchina – car
la macedonia – fruit
cocktail
la macelleria – butcher
shop
il maestro – teacher
il mare – sea, ocean
il mazzo di carte – deck
of cards
la mela – apple
il mercato – market
il minuto – minute
il negozio – store
il nipote – nephew,
grandson
il nomignolo – nickname
gli occhi – eyes
l'odore – smell, odor
le onde – waves
l'olio – oil
il paese – town
i parenti – relatives
la parola – word
la partenza – departure
il passatempo – hobby,
pastime
la passione – passion
la patata – potato
la paura – fear
il pavimento – floor
la pazienza – patience
il pepe – pepper
la pera – pear
la permanenza – stay,
duration

la pesca – peach
il piattino – saucer,
small plate
il piatto – plate, dish
il pranzo – lunch
il profumo – perfume
la pronuncia –
pronunciation
il proprietario – owner,
proprietor
il punteggio – score,
points
il re – king
il rosmarino – rosemary
(spice)
il sale – salt
la scuola – school
la scuola elementare –
elementary school
la settimana – week
lo sguardo – look,
glance
il soggiorno – stay
il sole – sun
il sorriso – smile
la spezia – spice
la stagione – season
la storia – story
lo strillo – scream, shriek
lo studio – studies
la tavola – table
il turno – turn
l'uomo – man
(gli uomini – men)
l'uva – grapes
la voce – voice
lo zucchero – sugar

Espressioni utili – Useful Expressions

a dire la verità – to tell the truth
a seconda della stagione – depending on the season
allo stesso tempo – at the same time
appena tornato – as soon as he returned
Buon lavoro! – Good job!
Certo! – Certainly!
Che buon profumo! – What a terrific smell!
chiaro e tondo – loud and clear
Ci riesco. – I am succeeding.
come te – just like you
d'accordo – agreed
di solito – usually
è corso da me – he ran to me
Fa un gran caldo. – It is very warm.
in mano – in one's hand
Lava la frutta! - Wash the fruit!
Lei si arrabbia. – She gets mad.
Levati! – Get away!
Lo sapevo! – I knew it!
Lui si stufa. – He gets bored, tired.
Ma perché no? – But why not?
Mangia con appetito. – He eats very well.
Me lo prometti? – Do you promise me?
Me ne vado. – I am leaving.
Mi capisci? – Do you understand me?
Mi diverto. – I have fun. I enjoy myself.
Mi mancherai moltissimo. – I will miss you alot.
mi piace – I like
mi riposo – I relax

Mi sono divertita un sacco. – I enjoyed myself alot.
Non avere paura! – Don't be afraid!
Non ci vado! – I will not go!
Non dire a mamma! – Don't tell my mother!/mom!
Non lo sapevo! – I did not know it!
Non mi fare cadere! – Don't let me fall!
Non mi lasciare! – Don't let me go!
Non ti lascio! – I will not let you go!
Non ti preoccupare! – Don't worry!
Non toccare niente! – Don't touch anything!
Non vedo l'ora di... – I can't wait to...
Oggi ne usiamo quattro. – Today we will use four of them.
parecchie volte – several times
qualche volta – sometimes
questa volta – this time
secondo me – in my opinion
Sei sicuro? – Are you sure?
Senti! – Listen!
Sono rimasta a bocca aperta! – I was flabbergasted! I was stunned!
Sono sicurissimo. – I am absolutely sure!
Ti bruci! – You are going to burn yourself!
Te li faccio! – I will do it for you!
Ti fai male! – You are going to get hurt!
Ti tengo io! – I will hold you!
Ti voglio molto bene! – I love you very much!
un'altra volta – again, another time
Va bene! – Is that OK? OK?
Vado a trovare... – I am going to visit...

Parole interrogative – Interrogative pronouns

A chi? – To whom?
Che? – What?
Che cosa? – What?
Chi? – Who?
Come? – How?
Con chi? – With whom?
Cosa? – What?
Da chi? – From whom?
Da quanto tempo? – How long?
Dove? – Where?

Per chi? – For whom?
Perché – Why?
Qual? – Which? Which one?
Quale? – Which? Which one?
Quali? – Which? Which ones?
Quando? – When?
Quanta? – How much? (fem.sing.)
Quante? – How many? (fem.pl.)
Quanti? – How many? (masc.pl.)
Quanto? – How much? (masc.sing.)

TITLES AVAILABLE FROM EDIZIONI FARINELLI

AP ITALIAN SERIES

Level 4 Ace the AP Italian Exam
ISBN 978-0-9786016-6-9

Level 3 AP Advanced Placement Italian Track
ISBN 978-0-9786016-7-6

Level 2 AP Advanced Placement Italian Track
ISBN 978-0-9786016-5-2

Level 1 AP Advanced Placement Italian Track
ISBN 978-0-9786016-1-4

This workbook series, with accompanying CDs, is designed to prepare students for the Advanced Placement® (AP) Italian Language and Culture Exam administered annually by The College Board. The books can be used in class or as self-study tools. All five components of the exam are incorporated in the comprehensive practice exercises: listening, reading, writing, culture and speaking.

IDIOMS AND EXPRESSIONS

Uffa!
ISBN 978-0-9786016-3-8

Students can quickly build familiarity and develop a feel for how to use Italian idiomatic expressions by reading dialogues that explore issues foremost among young people – relationships with parents, friendship, school exams, choosing a career and more. The text also contains comprehension and grammar exercises as well as notes to clarify how certain verbs are used in idiomatic forms. An excellent AP® Italian preparation tool.

Separate answer key also available.

EDIZIONI FARINELLI **MUSIC STUDY PROGRAM**

E RITORNO DA TE (*The Best of Laura Pausini*)
ISBN 978-0-9795031-1-5

This *Music Study Program* helps intermediate and advanced students of Italian deepen their knowledge of the language through focused listening to contemporary Italian music.

LISTENING AND COMPREHENSION

EDIZIONI FARINELLI

FILM STUDY PROGRAMS

Io non ho paura
ISBN 978-0-9795031-0-8
L'Ultimo Bacio
ISBN 978-0-9723562-3-7
Ciao, Professore!
ISBN 978-0-9786016-0-7
La Meglio Gioventù
ISBN 978-0-9786016-2-1

Pane e tulipani
ISBN 978-0-9795031-2-2
Cinema Paradiso
ISBN 978-0-9786016-8-3
Caterina va in città
ISBN 978-09795031-3-9

These film study texts divide each film into 20-minute sequences for use in class or for self study to improve understanding of spoken Italian. They include comprehension exercises, grammar activities, vocabulary builders and cultural readings. They also are helpful for students preparing to take standardized tests in Italian, such as the Advanced Placement® exam.

. . . .

CULTURE

Non soltanto un baule
ISBN 978-0-9723562-5-1

This advanced-level Italian reader captures the struggles that millions of Italians experienced in their search for a better life outside of Italy. Each immigrant's story, told through the voices of descendants or friends, richly expresses the emotion, pride and heartbreak of their emigration to the United States, Australia, Argentina or Canada. This reader helps prepare students for the Advanced Placement® (AP) Italian Language and Culture Exam.

TITLES AVAILABLE FROM EDIZIONI FARINELLI

READERS AND EXERCISES

Jean e Roscoe vanno a Perugia
ISBN 978-0-9723562-1-3

An intermediate-level Italian reader recounting the month-long adventures of two students studying the language in Perugia, Italy while learning to cope with the Italian way of life. Includes exercises for comprehension, grammar, conversation, writing and vocabulary.

Separate answer key also available.

Diario della studentessa Jean (2nd Edition)
ISBN 978-0-9723562-7-5

An advanced beginner-level Italian reader containing 23 easily readable, brief stories ranging from memories of childhood and events of daily life to dialogues about Italian class.

Eserciziario per Diario della studentessa Jean
ISBN 978-0-9723562-8-2

A comprehensive workbook for in-class use or self study to accompany the stories in *Diario della studentessa Jean* along with practice exercises on grammar points, such as prepositions, pronouns and irregular verbs.

Separate answer key also available.

For more information or to order, contact:
EDIZIONI FARINELLI
20 Sutton Place South
New York, NY 10022
+ 1-212-751-2427
edizioni@mindspring.com
www.edizionifarinelli.com

WRITER'S BIOGRAPHY

BRUNA PETRARCA BOYLE

Bruna Petrarca Boyle is Director of the AATI National Italian High School Contest Examination and a lecturer in Italian at the University of Rhode Island.

She was a member of the Task Force Committee for the AP Italian Language and Culture Course and served as chairperson of the Foreign Language Department at Narragansett High School in Rhode Island where she taught Italian and Spanish for 31 years. The Rhode Island Foreign Language Association selected her "Foreign Language Teacher of the Year" in 1993.

In 2007, she served as President of the Rhode Island Teachers of Italian and Regional Representative of AATI (American Association of Teachers of Italian). In 2008 she received the Distinguished Service Award from AATI. She has organized and presented numerous pedagogical sessions at state and national conferences including the American Association of Teachers of Italian (AATI), American Council on the Teaching of Foreign Languages (ACTFL), Northeast Conference of Teachers of Foreign Languages (NECTFL), Rhode Island Foreign Language Association (RIFLA), and the Rhode Island Teachers of Italian (RITI).

She was born in Fornelli, Italy in the region of Molise where she completed her elementary school education before moving to the United States in 1965. She holds a Bachelor's Degree and a Master's Degree from the University of Rhode Island in Secondary Education with a concentration in Italian, Spanish and French. She also received two Fulbright Scholarships for study at the Università per Stranieri di Perugia in Perugia, Italy.